LIVRE D'OR GRAND ANGLE 2015

GRAND ANGLE

La fabrication de cet album répond au processus de développement durable
engagé par Bamboo Édition. Il a été imprimé sur du papier certifié PEFC.

Crédits photographiques : toutes les photos sont © DR, sauf Richez, Berr © Laurent Mélikian
Galland © Morgann Tanco / Hamo © Poissonpoisson / Tanco © Christelle Galland

Dépôt légal : avril 2015
ISBN : 978-2-8189-3346-6

Imprimé en France - Printed in France by PPO Graphic, 91120 Palaiseau

Un auteur de bande dessinée, c'est un artisan quand il raconte une histoire case après case, planche après planche. Il y travaille chaque jour avec passion, en apportant sa sensibilité avec pour obsession de ne jamais trahir la narration. Mais c'est aussi un artiste et particulièrement quand, en quelques traits, il donne vie à une scène ou à un personnage. L'exercice de la dédicace illustre cela parfaitement.

C'est pour cette raison, mais aussi pour vous remercier d'être de plus en plus nombreux à suivre nos productions, que nous avons décidé de créer ce livre d'or qui deviendra, je l'espère, un rendez-vous annuel. Il regroupe les auteurs qui marqueront de leur empreinte la collection Grand Angle en 2015 et inclut la reproduction pour chacun d'eux d'un dessin de dédicace.

En vis-à-vis de ce fac-similé, une page blanche comme une invitation à rencontrer ces artistes en librairies ou en festivals pour recueillir votre dessin personnalisé.

Je vous souhaite dès à présent de belles rencontres et de beaux moments de partage avec les auteurs de la collection Grand Angle.

Hervé Richez
Directeur de Collection Grand Angle

Laurent **BONNEAU**

Ceux qui me restent

Scénario : Damien Marie

Boris **GUILLOTEAU**

Un grand bourgogne oublié

Scénario : Manu Guillot & Hervé Richez

Arno **MONIN**

Merci

Scénario : Zidrou

Olivier **MARTIN**

Cases blanches

Scénario : Sylvain Runberg

Xavier **FOURQUEMIN**

Le Train des orphelins

Scénario : Philippe Charlot

Laurent **SEIGNEURET**

Carlisle

Scénario : Édouard Chevais-Deighton

PHILAN

Jeu de dames

Scénario : **Toldac**

Lounis **CHABANE**

Héléna

Scénario : Jim

Alexis **LAUMAILLÉ**

Folle cuisine

Scénario : Alexis Laumaillé

Christelle **GALLAND**

Moses Rose

Scénario : Patrice Ordas et Patrick Cothias

TieKo

Hindenburg

Scénario : Patrice Ordas et Patrick Cothias

Damien **CUVILLIER**

Les Souliers rouges

Scénario : Gérard Cousseau

Xavier **DELAPORTE**

La Nuit de l'Empereur

Scénario : Patrice Ordas

HAMO

La Malbête

Scénario : Aurélien Ducoudray

LOUIS

Martin Bonheur

Scénario : **Jérôme Félix**

MIG

Un petit livre oublié sur un banc

Scénario : **Jim**

Laurent **GNONI**

La Vénitienne

Scénario : Patrice Ordas

Jack **MANINI**

S.O.S. Lusitania

Scénario : Patrice Ordas & Patrick Cothias

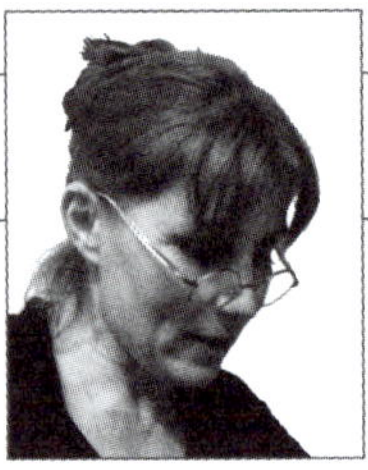

Nathalie **BERR**

Les Naufragés du métropolitain

Scénario : Patrice Ordas

Alexandre **TEFENKGI**

Où sont passés les grands jours ?

Scénario : **Jim**

Grégory **CHARLET**

Le Carrefour de l'étoile rouge

Scénario : Arnaud Floc'h

ANLOR

Amère Russie

Scénario : Aurélien Ducoudray

Claude **PLUMAIL**

Le Grand Charles

Scénario : Jean-Yves Le Naour

Amitiés,
Plumail
2014

Sébastien **MORICE**

Facteur pour femmes

Scénario : Didier Quella-Guyot

JIM

De beaux moments

Scénario : Jim

Morgann **TANCO**

La Gloire de mon père (d'après l'œuvre de Marcel Pagnol)

Scénario : Éric Stoffel et Serge Scotto

Éric **HÜBSCH**

Topaze (d'après l'œuvre de Marcel Pagnol)

Scénario : Éric Stoffel et Serge Scotto d'après Marcel Pagnol

Alain **MOUNIER**

L'Ambulance 13

Scénario : Patrice Ordas et Patrick Cothias

Paul **GASTINE**

L'Héritage du diable

Scénario : Jérôme Félix